AF564050

TRAITÉ
des
Questions à l'ordre du jour
DÉFENSE
NATIONALE
SOLUTIONS
proposées par un Travailleur
aux CRISES ACTUELLES.
JUSTICE
TRAVAIL
Prix 1 Franc.
1870
Toulouse. Imp. Lith. CASSAN Fils.

LIBERTÉ, JUSTICE, TRAVAIL

SOLUTIONS
AUX
QUESTIONS DU JOUR

PRÉSENTÉES

PAR UN TRAVAILLEUR A SES CONCITOYENS

PROJET DE LOI RÉPUBLICAINE

DÉFENSE NATIONALE

TOULOUSE
IMPRIMERIE JEAN PRADEL ET BLANC
6, RUE DES GESTES, 6.

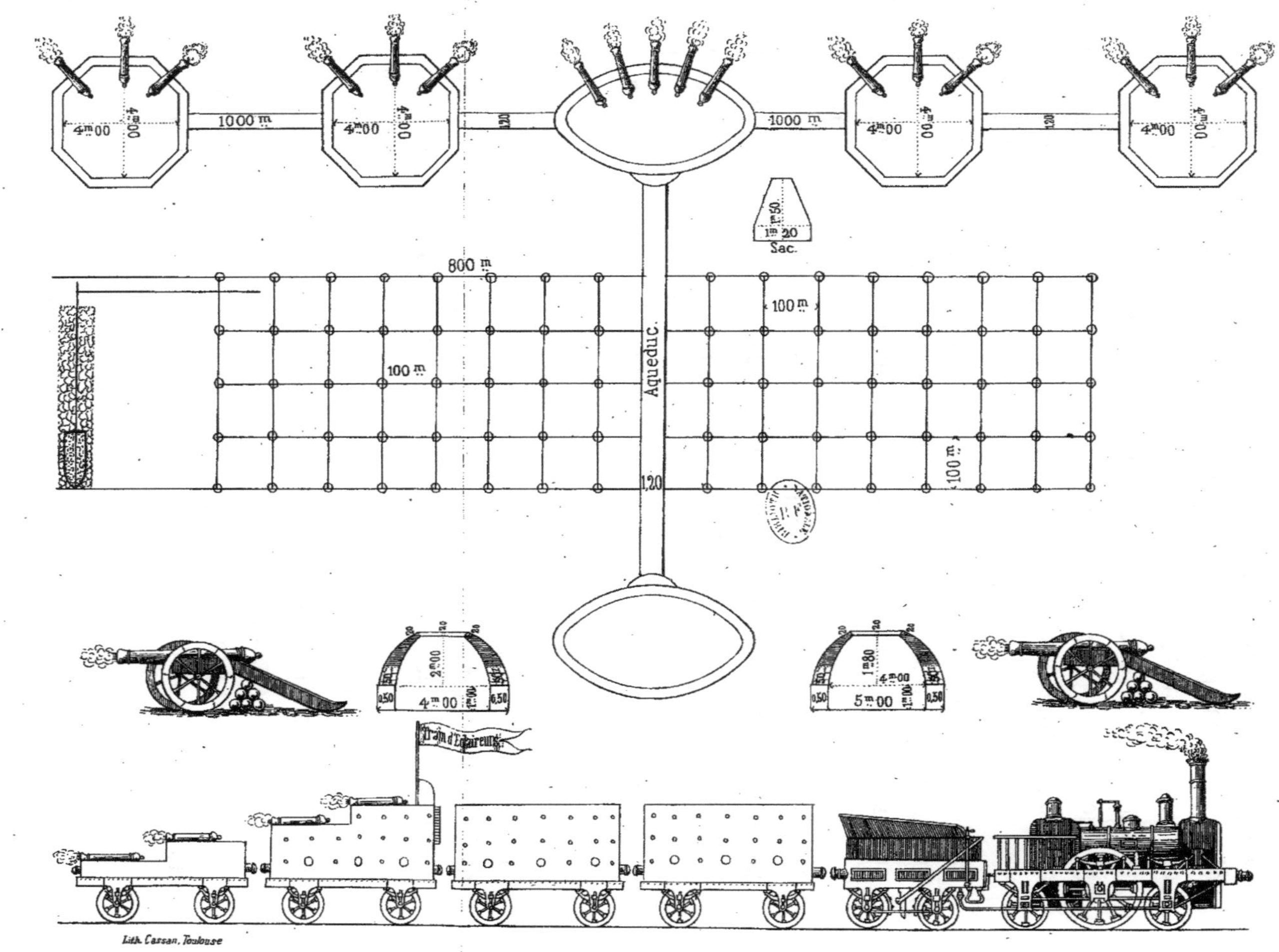
1000 m.
800 m.
100 m.
Aqueduc.
Sac.
Lith. Cassan, Toulouse

CITOYENS

Si je me décide à livrer à la publicité les quelques pages qui suivent, c'est que je crois qu'il est du devoir de tout Français de porter, en ce moment de danger, sa pierre à l'édifice commun.

Deux questions sont à l'ordre du jour par leur actualité :

La consolidation de la République naissante et la défense nationale.

Nous avons besoin de changer beaucoup de choses; beaucoup d'abus doivent être réprimés. Seulement, comme les hommes du pouvoir ne sauraient se rendre compte de tout, c'est à nous à chercher à les éclairer, et au besoin à les ramener dans la bonne voie.

Soyons en bien convaincus, nos mœurs doivent être modifiées, la société établie sur d'autres bases. Plus d'égoïsme! portons enfin une main secourable sur le pauvre qui a faim! Celui qui n'a jamais souffert ne peut pas comprendre la souffrance des autres. Beaucoup de nos frères souffrent : il serait facile de les sortir de la misère.

Lorque l'on assurera au négociant, à l'ouvrier, au paysan, du pain pour leurs vieux jours, la société, alors vraiment républicaine, pourra dire : « J'ai fait d'un peuple d'esclaves un peuple libre et heureux.

Une plaie de l'ordre social actuel, est sans contredit le système des justices de paix établi, dans nos campagnes principalement. Il serait urgent de confier ces postes à des citoyens qui mettraient toute leur influence à éteindre l'esprit de tracasserie et de rapine qui préside trop souvent aux transactions commerciales. Comme je le dis plus loin dans mon projet de réforme, il serait bon d'augmenter les attributions des juges de paix; de leur adjoindre, en cas d'affaires graves, quatre conseillers municipaux, ou autres citoyens du canton choisis à cet effet par le suffrage universel : de cette manière, sans avoir recours aux arbitres, experts, avoués, et autres gens faisant partie de cette *bande noire* qui a fait dire « que celui qui gagnait un procès n'en rapportait que sa chemise lorsque son adversaire s'en revenait tout nu, » on verrait beaucoup moins de procès, et ceux qui ne pourraient s'éviter auraient une plus prompte et surtout plus juste et plus économique solution.

A côté du juge de paix, se trouve le maître d'école et le curé. J'ai réservé cette question, qui sera résolue dans mon projet de réforme.

M'élevant plus haut, je vais tâcher de vous dire ce qu'il nous faudrait pour nous représenter, lorsque, devenus vainqueurs de cette horde de Vandales qui désolent notre belle France, nous pourrons enfin penser à mettre à la Constituante les citoyens qui devront nous représenter.

Nous tous, ouvriers, paysans, faisant partie de la classe laborieuse devons-nous chercher hors de nos rangs nos représentants ? Non. Il y a parmi nous des citoyens capables de bien remplir leur mandat. Nommons-les.

Ne venez pas me dire : mais Tel est menuisier, charron, maçon etc., etc, et vous voulez en faire un député?... Oui, je veux en faire un député, notre représentant! car il est républicain pur, et de plus il est notre frère, nous le connaissons.

Vous me direz encore : Comment voulez-vous que ce citoyen fasse un discours? ... Nous aurons un député qui ne dira rien.

Eh bien! ques-ce que cela nous fait! Qu'il vote en vrai républicain. Voilà ce que nous avons à lui demander.

Dans une armée il faut des généraux, des officiers et des soldats. Sont-ce les moins utiles, les moins vaillants, ces héros obscurs qui, simples soldats, donnent leur sang à la patrie? Les batailles se perdent plutôt par la lâcheté ou l'incapacité des chefs que par le manque de valeur des soldats... nous l'avons malheureusement appris à nos dépens, et cela il n'y a pas longtemps.

Oui, ouvriers, paysans, fils du peuple souverain, mettez-vous sur les rangs, posez votre candidature ; vous avez le droit de devenir prétentieux en voyant l'ignorance, l'incurie jointe à la lâcheté des bandits qui nous ont gouvernés pendant 20 ans.

Nous nous grouperons : nos chefs de file les citoyens députés de

Paris et autres capables feront les discours : nous, nous voterons, et au besoin nous leur apprendrons comment un ouvrier sait mourir pour sa patrie.

Avant de traiter ici des faits relatifs à la défense nationale, je vais exposer un projet de résolutions à prendre dans l'intérêt de tous, et principalement de la classe laborieuse.

Pension des retraites civiles. — 1° Il sera livré dans toutes les communes de France, à tout citoyen qui en fera la demande, un livret destiné à constater (le terme de 55 années expiré) que le porteur n'a jamais forfait à l'honneur et à la probité : qu'en conséquence il est digne d'être pensionné par la République jusqu'à la fin de ses jours.

En cas de décès, sa veuve recevra la pension sans restriction aucune.

Éducation primaire et supérieure. — 2° Le choix des instituteurs sera fait avec grand soin et une extrême sévérité. A aucun titre les membres d'une congrégation ne seront admis à professer l'enseignement.

L'éducation primaire reposera surtout sur l'enseignement de l'histoire, la géographie, les mathématiques, la grammaire, le dessin.

Des examens de fin d'année reconnaîtront les sujets les mieux doués et les désigneront à la République, afin d'obtenir d'elle, en leur faveur, la gratuité de l'enseignement supérieur.

Contrôle des employés supérieurs administratifs. — 3° Il sera institué une Commission dite Commission de Contrôle chargée d'écouter les réclamations des employés des administrations civiles, et de les résoudre vis-à-vis des supérieurs.

Cette commission sera élue au suffrage universel.

Juges de paix, compétence. — 4°. Les juges de paix verront leur compétence plus étendue en matière civile et pénale; en matière civile, ils devront connaître de tout différend jusqu'à la somme de cinq mille francs; en matière pénale, ils pourront condamner jusqu'à une année d'emprisonnement.

Les juges de paix, dans les cas difficiles, seront assistés de quatre conseillers municipaux.

Pénalités contre des prêtres convaincus de détournements envers la République. — 5° Les membres appartenant aux divers cultes qui seraient convaincus de détournement des idées républicaines seront punis du bannissement.

Tout citoyen qui ne se plaindrait pas d'avoir été l'objet d'agissements anti-républicains du chef d'un membre d'un culte quelconque, sera puni des mêmes peines encourues par l'auteur du crime.

6° La République autorise son gouvernement à confisquer tous les biens meubles et immeubles appartenant aux dynasties déchues, à leurs ministres ou séïdes, ainsi que les biens des congrégations religieuses, pour en verser la valeur en numéraire dans les caisses de l'Etat et servir aux frais de toute nature occasionnés par la guerre.

Mesures financières à prendre. — Au besoin, il sera émis en papier monnaie la valeur équivalente de ces divers biens qui, en tout état de cause, seront grevés comme garantie.

Séparation de l'Eglise et de l'Etat. — Subventions obligatoires. — 7° La séparation de l'Eglise et de l'Etat et l'instruction gratuite et obligatoire doivent être votées d'urgence.

J'ai ainsi développé ces projets de résolutions pour leur donner le plus de publicité possible et afin d'affermir l'équité trop longtemps méconnue du grand parti républicain, qui est la force agissant par le droit; la justice rétablie; le budjet de la guerre presque anéanti par suite de l'abolition des armées permanentes; le budjet des cultes supprimé, et enfin cette myriade de grands fonctionnaires, parasites de la société, abolis. Voilà les grandes économies que saura faire la République. En appliquant ces sommes ainsi économisées aux travaux publics, à l'instruction obligatoire, nous arriverons à fonder cette société modèle où chacun travaillant pour tous et tous pour chacun, on arrive à une communauté d'intérêts qui rend impossible toute espèce de conflit entre producteurs et consommateurs.

Une communauté d'intérêts aura bientôt formé une même opinion, et dans dix ans au plus la France présentera aux puissances voisines le spectacle de quarante millions d'êtres formés en faisceau agissant au nom de la République et présentant ainsi une barrière insurmontable à tous les tyrans possibles et imaginables qui voudraient encore les charger de fers.

Pour terminer, je voudrais encore qu'une banque de crédit local fût établie dans chaque canton. Tous les citoyens seraient admis à faire un emprunt ne dépassant pas la moitié de leurs biens, et sur hypothèque au taux de 5 0/0.

Les non-possesseurs pourraient aussi emprunter à cette banque. A cet effet, une commission jugerait de leurs aptitudes, de leurs besoins, et déciderait de la somme qui pourrait être remise entre les mains du demandeur, à la charge par ce dernier d'en rendre un compte exact, sous peine de se voir traduit devant une commission qui le flétrirait publiquement et le punirait corporellement, s'il y avait malversation :

Désireux de servir la république, j'ai imaginé des instruments de destruction d'une grande force et d'une application excessivement facile. A l'aide des cartes ci-jointes et des explications que je vais développer, j'espère pouvoir vous faire comprendre et vous faire juger du mérite et de l'utilité de mes inventions.

Le train d'Eclaireurs (planche n°1) ... a pour but : la défense des chemins de fer et des télégraphes, si souvent détruits par l'ennemi ; l'impossibilité pour eux de se servir des lignes sur nous conquises, — le transport de nos troupes à volonté et sans danger pour elles sur les lignes menacées, — et le harcellement continuel des corps ennemis.

Pour atteindre ce but, il suffit d'une locomotive ordinaire et de son tender, auquel l'on joint quatre (et plus au besoin) wagons blindés et crénelés. Chaque wagon est armé de quatre pièces de canon de 4 dites de montagne, portant but plein à 3000 mètres ; en outre, de carabines manœuvrées par les troupes transportées ou par les engagés volontaires chargés de faire manœuvrer ce train, dont l'inventeur se réserve le commandement.

Une pile électrique adaptée à la machine rend les mouvements du train excessivement faciles dans les marches de nuit, permet de distinguer les ennemis, les positions par lui occupées, dont il peut rendre compte à nos chefs de corps : ce qui, par la guerre d'embuscades que nous faisons, n'est pas à dédaigner.

En outre de ces avantages, on peut aussi joindre au train d'éclaireurs un wagon contenant le matériel nécessaire à la réparation de toute rupture de voie ou télégraphe avec une équipe composée de gens compétents. Protégés par les canons du train, il serait facile de rétablir des communications qui parfois pourraient être très utiles.

Il n'est pas douteux que, si le comité de défense nationale autorisait la formation d'un train tel que celui expliqué ci-dessus, on ne tarderait pas à obtenir de bons résultats. (Ce projet a été soumis.)

La planche n° 2 représente un système de fortifications de campagne aussi simple que redoutable. Etablir à l'entrée d'une ville ouverte et sur les points menacés de pareilles redoutes, c'est les rendre imprenables?

De 1000 en 1000 mètres, établir les batteries disposées selon les plans de terrain ; les pièces à un mètre en contre-bas du sol garanties par un socle en pierre de taille où les boulets ennemis glissent sans pouvoir démonter nos pièces ni atteindre les servants ; faire une galerie de communication d'une redoute à l'autre afin de pouvoir communiquer sans danger ; se réserver une galerie de retraite, y placer autant que faire se peut de petits wagonnets et rails de chemin de fer correspondant à la ville ou au point le mieux défendu sur lequel on puisse, au besoin, évacuer le matériel : tel est mon plan. Si nous joignons à cela les mines préparées et représentées sur la planche n° 3, on verra que l'ennemi, maître de nos batteries déjà abandonnées pour d'autres construites derrière et minées comme les premières, qui sauteront lorsqu'elles seront occupées, on verra, dis-je, qu'un corps d'armée ainsi pris sera dans une très mauvaise position, et facilement décimé par les mines

SÉCURITÉ, ÉCONOMIE.

CARTOUCHE LAPEYRE

Brévetè S. G. D. G.

48, RUE BAYARD, A TOULOUSE.

A L'USAGE DES ENTREPRENEURS

Dans les Déblais, les Tranchées, les Carrières et les Tunnels.

PARTOUT OU ILS EMPLOIENT LA POUDRE.

EMPLOI RÉGULIER DE LA POUDRE.

qui partiront. Au moment même où, se disposant à l'attaque de la seconde ligne n° 4 par masses serrées en bataille, les mines éclatent, les batteries en arrière sont découvertes et font feu. A ce moment de pêle-mêle affreux une charge à la baïonnette bien conduite doit avoir raison de toute résistance et mettre l'ennemi dans la necessité d'être complètement détruit ou de se rendre.

Voilà, citoyens, le système de défense que je propose.

J'ai encore, dans le but de couvrir les premières lignes du front d'attaque, l'intention d'employer des sacs (n° 5) pour préserver nos tirailleurs avancés; mais comme ceci dépend de l'initiative de chacun des combattants, je m'abstiens de les développer.

CARTOUCHES LAPEYRE

Brevetées S. G. D. G.

Indispensables pour les entreprises, exploitations de carrières, mines.

(Sécurité et Economie.)

Après de longues expériences dans les entreprises de l'Etat ou des Compagnies de Chemin de fer, j'ai étudié la question de la Poudre indispensable dans les travaux.

Les cartouches que je fais sont d'un système bien supérieur à tous les autres systèmes connus jusqu'à ce jour. La charge étant toute prête, le mineur n'a simplement besoin que de placer la cartouche dans le trou et mettre le feu à la mèche. Il est impossible qu'un accident arrive du moment qu'on ne peut mettre le feu que par la mèche. Malgré cela, la poudre a beaucoup plus de force, étant mise en cartouche qu'étant mise simplement dans le trou. La dimension des cartouches est du tiers de la profondeur du trou et de trois centimètres de diamètre.

Sur la demande des clients, on fait les cartouches d'après la dimension fournie par eux.

On expédie par caisse de cartouches de 50, 100, 150, 200 à 2 fr. le kilogramme; en barils, à 1 fr. 75 c. en gare de Toulouse.

Le poids approximatif de la cartouche de 0m 33 c. de longueur, sur 0m 03 c. de diamètre pèse 230 grammes environ.

Représenté à par

SYSTÈME DE PLACAGE

EN PIERRE DE TAILLE LAPEYRE.

(Breveté S. G. D. G.)

Ce système est appelé à rendre de grands services à la construction, comme propreté, solidité, et salubrité.

On débite des plaques de deux, trois et quatre centimètres d'épaisseur sur la largeur et la longueur que nécessite le plan des travaux. Ces placages sont tenus par des boulons qui traversent le mur et donnent toute la solidité voulue pour tenir les plaques : de cette manière les vieilles façades peuvent être replaquées comme l'on replaque un meuble, et à de bonnes conditions. Ces plaques seront choisies parmi les meilleurs bancs des carrières que le sieur Lapeyre exploite ; du reste, l'acheteur pourra s'en convaincre par les échantillons qui sont dans l'entrepôt rue Bayard, 48.

Toulouse. Imprimerie J. Pradel et Blanc, rue des Gestes, 6.

LOIS RÉPUBLICAINES

SE VEND
au Profit de la Défense Nationale
CHEZ
LES PRINCIPAUX LIBRAIRES.

www.ingramcontent.com/pod-product-compliance
Lightning Source LLC
LaVergne TN
LVHW020456230826
846091LV00008BA/3232

* 9 7 8 2 0 1 1 7 9 1 3 5 1 *